This Journal belongs to

BOY

date: ....

date: ....

date: ....

date:

date: ....

date: ....

date: ....

date: ....

date:

date: ....

date: ....

date: ....

date:

date: ....

date:

date:

date: ....

date: ....

date: ....

date:

date: ....

date: ....

date: ....

date:

date: ....

date:

date: ....

date:

date: ....

date:

date:

date:

date: ....

date: ....

date:

date: ....

date: ....

date: ....

date: ....

date: ....

date: ....

date: ....

date: ....

date: ....

date: ....

date: ....

date: ....

date: ....

date: ....

date: ....

date:

date: ....

date: ....

date: ....

date:

date:

date: ....

date:

date: ....

date: ....

date: ....

date:

date: ....

date: ....

date: ....

date: ....

date: ....

date:

date: ....

date: ....

date: ....

date:

date: ....

date: ....

date: ....

date:

date:

date: ....

date: ....

date:

date: ....

date:

date:

date:

date: ....

date:

date: ....

date:

date: ....

date: ....

date: ....

date: ....

date: ....

date: ....

date: ....

date:

date: ....

date: ....

date:

date:

date:

date: ....

date: ....

date: ....

date:

date: ....

date:

date: ....

date: ....

date: ....

date: ....

date:

date:

date: ....

Thank You!

WE HOPE YOU ENJOYED OUR BOOK!

As a small family company, your feedback is very important for us!

Please let us know what your experience with our book was at:

loocianabooks@gmail.com